LK 14
216

DISCOURS
SUR
L'HOMME PUBLIC,

Par M. l'Abbé CAYRE DE MIRABEL ;

Prononcé aux États de Languedoc de 1783.

A TOULOUSE,

Chez D. DESCLASSAN, Maître-ès-Arts, Imprimeur de l'Académie Royale des Sciences.

M. DCC. LXXXIV.

Avec Permission.

DISCOURS
SUR L'HOMME PUBLIC.

Diligite lumen Sapientiæ, omnes qui præeſtis Populis.
Aimez la lumière de la Sageſſe, ô vous tous qui êtes à la tête des Peuples ! *Sap.* 6.

MONSEIGNEUR (1),

A peine Salomon ſe voit-il placé ſur le Trône de Juda, que, moins ébloui de l'éclat, qu'effrayé du poids du diadême, il adreſſe les vœux les plus ardens au Seigneur, lui demandant la Sageſſe pour compagne, pour coopératrice & pour ſoutien ; auſſi, tant qu'il ſe conduiſit par les oracles de ce divin guide, le ſucceſſeur de David fit les délices de ſon peuple & l'admiration de l'univers. Il ne faut donc pas être ſurpris qu'après avoir ſi magnifiquement éprouvé les avantages de la Sageſſe, il exhorte tous les Hommes Publics à la ſolliciter, à l'aimer, à la ſuivre : *Diligite lumen Sapientiæ, omnes qui præeſtis Populis.*

---

(1) M. l'Evêque officiant.

DISCOURS

Comment, en effet, les Hommes Publics, au milieu des tentations de leur autorité, de leur rang, de leur prééminence, perpétuellement obligés de lutter contre leurs propres paſſions & contre les paſſions d'autrui, comment n'échoueraient-ils pas contre tant d'écueils dangereux, s'ils n'étaient conſtamment dirigés par le flambeau de la Sageſſe ?

Vous-mêmes, Messieurs, dans les différens poſtes que vous occupez, & ſur-tout dans l'importance des fonctions qui vous raſſemblent dans cette Ville célèbre, vous ſentez ſi bien la néceſſité de ce ſecours ſurnaturel, que c'eſt ſous les auſpices de la Religion que vous formez vos auguſtes Aſſemblées, & que vous venez au pied des Autels implorer les ſalutaires inſpirations de l'Eſprit Saint, pour vous diriger dans vos travaux.

Plus votre Miniſtère a d'étendue & d'élévation, plus vous avez beſoin de force & de vertu pour ne pas en abuſer. Placés entre le Souverain & la Nation, pour établir entre eux une correſpondance mutuelle, ayant, pour ainſi dire, en vos mains les intérêts du Roi, de l'Etat, de la Province & du Peuple, réſiſteriez-vous aux attraits de l'ambition, aux faux préjugés qu'inſpire l'orgueil du pouvoir, & ne laiſſeriez-vous pas ſouvent pancher la balance du côté où l'entraînerait votre intérêt perſonnel, ſi la Sageſſe ne vous aidait à maintenir l'équilibre, & n'était l'ame de toutes vos opérations ? *Diligite lumen Sapientiæ, omnes qui præeſtis Populis.*

Chargé de porter la parole devant vous, Messieurs, au

nom de la Religion & de la Société, j'ai cru devoir m'occuper d'un sujet qui fût relatif à vos fonctions. Il y aura de la témérité sans doute à parler des qualités & des devoirs de l'Homme Public devant une Assemblée de Sages; mais mon zèle me fait oublier le danger de l'entreprise, & je me flatte qu'une matière si analogue à vos goûts & à votre génie, en absorbant toute votre attention, rendra moins sensible l'insuffisance de l'Orateur.

SAGESSE austère, forme toi-même mes accens; qu'ils aillent jusqu'à ces cœurs généreux, qui cesseraient de servir les hommes, s'ils pouvaient ne pas t'adorer !

Ave Maria.

PREMIÈRE PARTIE.

MONSEIGNEUR,

DANS ce siècle de paradoxes, nous avons vu des Esprits hardis & téméraires soutenir que l'origine & la distribution de l'autorité sont le seul effet du hasard ou de la politique: c'est ainsi que le Trône & la Religion ont été attaqués dans leurs premiers fondemens; mais ne suffit-il pas de remonter au principe des choses, pour trouver dans les Conseils même de la Sagesse éternelle, l'institution du pouvoir, & l'établissement indispensable des Hommes Publics destinés à défendre le faible, & à maintenir les Lois divines & sociales à *Omnis potestas à Deo.*

« ALLEZ, dit le Seigneur à Moïfe, contenez ce Peuple
» qui abuferait de fa liberté, & qui bientôt fe détruirait
» lui-même ; rangez-le fous le joug ; qu'il vive heureux en
» vous obéiffant ; je vous fais l'arbitre de la vie & de la
» mort. » Mais qu'eût fait Moïfe fans l'aide de foixante-dix
Anciens de la Nation ? Que feraient les Rois de la Terre,
fi des Miniftres choifis ne partageaient avec eux le poids du
Gouvernement ? Ce poids ne ferait-il pas encore au-deffus
de leurs forces, s'ils n'étaient remplacés dans les Provinces
par des Chefs revêtus d'un pouvoir relatif & divifible ?

TELLE eft l'origine des Hommes Publics : l'objet d'une
inftitution qui les appelle à concourir avec le Souverain au
grand ouvrage de l'ordre civil & de la félicité des Peuples,
découvre affez les qualités & les vertus qui leur font propres,
& qui doivent les diftinguer du refte des Citoyens.

DANS le tableau que je me fuis propofé d'en faire, les
plus beaux traits, MESSIEURS, feront empruntés de vous-
mêmes ; & tel eft mon avantage dans cette circonftance, que
pour peindre l'Homme Public tel qu'il doit être, je n'aurais
qu'à caractérifer chacun de vous, fur-tout ceux qui font à
la tête de cette Affemblée ou de cette Province.

MON œil refpectueux tombe d'abord fur le Pontife (1)
de cette Cérémonie religieufe, qui s'eft juftement acquis
l'eftime & l'affection de fon Troupeau par fes lumières &
fes vertus.

---

(1) M. de Malide, Evêque de Montpellier, officiant.

APRÈS lui, s'offre à mon pinceau le Préſident de ces États (1), dont le génie & l'éloquence perſuaſive, ſi néceſſaires dans le rang qu'il occupe, ont ſi ſouvent excité votre admiration & entraîné vos ſuffrages : quelle grandeur d'ame, & quelle ſimplicité à la fois ! On oublie, à ſon exemple, les prérogatives de ſa naiſſance & de ſes titres, pour n'enviſager que le ſpectacle de cette aménité, de cette bienfaiſance, de tant de ſublimes vertus, qui l'ont toujours dévancé, toujours ſuivi dans la carrière des honneurs.

QUELS traits, pour caractériſer l'Homme Public, ne me fournirait pas le Gouverneur de cette Province (2) ! Digne héritier de ce fameux Armand, qui affermit la Maiſon de Bourbon ſur un Trône prêt à lui être enlevé, il n'a pas ſeulement conſervé dans tout ſon éclat un nom difficile à ſoutenir, ſes Ancêtres pourraient lui envier la gloire d'avoir ſu réduire au joug de la ſubordination & donner des mœurs à un vaſte Corps Militaire, qui, après avoir été long-temps l'opprobre & la terreur de la Capitale, en eſt devenu l'ornement & le ſoutien.

QUE dirai-je du reſpectable Commandant (3), dont la préſence nous eſt ſi chère ? Qu'il mérite bien la faveur & la confiance du Monarque qu'il repréſente ! Sans parler de cette

---

(1) M. de Dillon, Archevêque de Narbonne, & en cette qualité Préſident-né des États.

(2) M. le Maréchal de Biron, Gouverneur du Languedoc, qui a ſu ſi bien diſcipliner les Gardes-Françaiſes.

(3) M. de Périgord, Commandant de la Province.

popularité qui diftingue les hommes véritablement grands, que je me plairais à parcourir fes talens politiques, à célébrer cet amour de la Patrie, qui lui a fait expofer un fang mêlé à celui de nos Rois, dans des campagnes mémorables, où il a trouvé le complément de fa gloire !

Nous avons un autre modèle dans ce vertueux Magiſtrat (1), qui, au travail, aux talens & aux lumières, ajoute les qualités aimables du cœur. Qu'il eſt glorieux pour lui d'avoir, par une fageſſe conſommée, mérité l'amour du Souverain & du Peuple ! Mais combien doit-il lui paraître plus doux encore de revivre dans deux fils, dont l'un (2), aſſocié à fes fonctions, nous offre le fpectacle des vertus héréditaires, tandis que l'autre (3), ſur un des plus importans théatres, tient d'une main fûre & habile les intérêts de la France ?

Et vous, Messeigneurs (4), Membres du premier Ordre de l'État, outre la fainteté de vos fonctions, qui vous a mérité cette glorieufe prérogative, c'eſt en nous, retraçant la piété de vos prédéceſſeurs, leur charité, leur attention à conferver le dépôt de la faine Doctrine, & leur ardeur pour la félicité publique, que vous vous montrez les dignes Princes de l'Églife, les défenfeurs de la Religion, les amis du Peuple & les fidelles Confeillers des Rois.

---

(1) M. de St. Prieſt.
(2) M. le Vicomte de St. Prieſt. } Intendans de Languedoc.
(3) M. le Comte de St. Prieſt, Ambaſſadeur à la Porte.
(4) MM. les Évêques.

Quel riche & vaste champ à parcourir, si les bornes de ce Discours me permettaient de peindre chacun de vous sous les traits qui lui sont propres ! Mais pourrai-je du moins contenir ici les transports que m'inspire la présence d'un illustre Prélat (1), mon Évêque, mon bienfaicteur ? Quelle sublimité dans ses opérations religieuses & politiques ! Quel coup-d'œil rapide pour saisir ensemble les besoins & les ressources, les abus & les remèdes, les obstacles & les moyens de les surmonter ! Pontife, Législateur, Citoyen, Homme de Lettres, ami de l'humanité, son nom sera gravé dans les fastes de la Religion & de la Patrie ; Toulouse sur-tout le répétera dans tous les âges avec des larmes d'attendrissement & de reconnaissance (*).

Tout, dans cette auguste Assemblée, excite notre admiration : là, je vois cet Ordre respectable de la Noblesse (2), ces Barons célèbres, qui, à l'honneur d'être les défenseurs de l'État, ajoutent l'urbanité, la bienfaisance & les rares talens de l'administration.

Ici sont ces sages Députés (3), en qui l'on ne sait ce qu'on doit le plus admirer de leur amour pour le Souverain, ou de leur zèle pour les intérêts de l'Ordre utile qu'ils représentent.

Et voilà, Messieurs, les qualités & les vertus que la société attend de l'Homme Public. Elle exige qu'il possède

---

(1) M. de Brienne, Archevêque de Toulouse.
(*) Voyez à la fin du Discours.
(2) MM. les Barons.
(3) MM. les Députés du Tiers-État.

les lumières les plus vastes, puisqu'il doit tout diriger ; qu'il soit maître de ses passions, puisqu'il doit réprimer celles de ses inférieurs ; qu'il ait une intégrité à toute épreuve, puisqu'il est l'organe & le défenseur de la Justice ; qu'il soit enfin laborieux & magnanime, puisqu'il doit tout voir, tout peser, tout souffrir, tout sacrifier.... Reprenons.

L'Homme Public ne doit rien ignorer de ce qui est relatif à l'importance de ses fonctions : *Ut abundetis in omni scientiâ & doctrinâ*. La connaissance du cœur humain est la plus essentielle, puisque c'est des différentes passions des hommes qu'a dépendu dans tous les temps la destinée des États ; mais pour acquérir cette science, il ne suffit pas d'étudier les hommes qu'on gouverne : cette étude doit s'étendre aux mœurs de tous les pays, de tous les siècles. L'Histoire, tant ancienne que moderne, tant sacrée que profane, voilà les sources où il faut puiser ; c'est là qu'on trouve les causes de l'élévation, de la décadence, de la chûte des Empires ; on y voit par quels moyens les mœurs se perfectionnent, comment leur corruption entraîne toujours l'oubli des Lois, la destruction des sentimens patriotiques, l'anéantissement absolu d'un État.

Aujourd'hui sur-tout que le Commerce a bâti comme un pont de communication entre tous les Peuples de la Terre, quelles spéculations, quels traités avantageux pourront faire les Administrateurs publics, s'ils ne connaissent les principes des divers Gouvernemens, la nature des climats, leur action sur le physique & le moral, le génie, les usages, les coutumes, les vices & les vertus des Nations avec lesquelles ils entretiennent des liaisons d'intérêt ? Comment les Princes de l'Église pourront-ils allier la Religion avec le Patriotisme, s'ils ne sont versés eux-mêmes dans les maximes de la Politique, s'ils ne savent distinguer la ligne de démarcation qui a été tracée entre le Spirituel & le Temporel, s'ils ignorent qu'un zèle aveugle est toujours suivi de la superstition & du fanatisme ? Comment le Militaire répondra-t-il à l'attente du Souverain & du Peuple, s'il ne sait que le courage doit être éclairé par la prudence, & que souvent une valeur impétueuse n'est pas moins funeste que la lâcheté ? Comment les Hommes Publics en général sauront-ils commander, s'ils ne sont familiarisés avec les Lois de la société, avec les principes de la Justice & les règles de la vie civile pour tous les rangs, pour tous les âges & pour toutes les circonstances ?

A quels désordres l'Homme Public n'expose-t-il pas la Patrie, lorsqu'il ne marche qu'avec l'incertitude & la timidité de l'inexpérience ? L'empire de son ame n'est-il pas à la merci du premier qui entreprend de l'usurper ? Et qu'est alors son autorité, sinon un fantôme imposant, à l'abri duquel on dépouille, on mutile, on déchire impunément l'État ? Mais si le flambeau de l'étude éclaire son esprit, ce n'est plus sa raison, c'est celle de tous les Législateurs qui se fait entendre par sa voix : il se livre sans danger à l'impulsion de son génie ; il conçoit avec chaleur ; il marche à pas assurés, quoique rapides ; & les objets les plus grands, les plus compliqués, ne font qu'un jeu dans fes mains.

Mais l'afcendant que donne à l'Homme Public l'étendue de fes connaiffances, au lieu d'être utile à la fociété, en devient le fléau, fi, avant de prendre le timon des affaires, il n'a pas appris à fe gouverner lui-même : *Sub te erit appetitus tuus, & tu dominaberis illius.*

Oui, fi le joug des paffions eft, pour l'homme même qui ne joue aucun rôle dans l'État, le plus ignominieux, le plus funefte des efclavages, combien plus encore un tel abrutiffement ne dégrade-t-il pas le Citoyen chargé de l'adminiftration publique ? Ce n'eft plus fur lui feul, c'eft fur toute la fociété que retombe le poifon de fes vices. Que d'actes injuftes, que de meurtres, que d'attentats l'avarice & l'ambition n'ont-elles pas fait commettre ! Que de révolutions ont bouleverfé l'univers, qui prenaient leur fource dans les paffions d'un Homme Public !

Rien de lui ne faurait être caché ; des regards continuels & perçans l'environnent ; l'envieux lui cherche des défauts pour le noircir ; le licencieux, des vices pour s'en autorifer ; l'ambitieux, des faibles pour le compromettre ; tous les méchans font prompts, à l'inftant qu'il s'oublie, à déchirer le fceau des Lois. C'eft un aftre que chacun eft jaloux d'obferver & de fuivre ; mais s'il eft irrégulier dans fon cours, & s'il fouffre de fréquentes éclipfes, comment évitera-t-on les écueils ? C'eft un nuage qui doit féconder la terre ; mais s'il ne porte dans son sein que des germes de mort, s'il se convertit en un brouillard pestilentiel & funeste, comment échappera-t-on à la contagion ? Malheur aux hommes qu'il gouverne, s'il ne sait pas gouverner son propre cœur ! Malheur à lui-même ! En trahissant l'espoir de l'État, il perd son estime & sa confiance ; en violant le dépôt qui lui fut remis, lorsqu'on lui supposait des vertus, il attire sur lui l'exécration publique. Grand Dieu ! celui qui devait imposer silence aux passions de votre Peuple, le scandalise par ses vices & ses dissolutions ! Vous l'aviez chargé de maintenir les mœurs, ces liens fondamentaux de la société, & c'est lui qui les dissout par l'impiété, la prostitution & le divorce ! Vous le voyez, ô mon Dieu ! & vous n'appesantissez pas votre bras vengeur ? Ah ! si votre justice est tardive, elle n'en sera sans doute que plus terrible : vous ne forcerez pas seulement l'Homme Public à vous rendre compte des excès qu'il se sera permis ; il répondra même devant votre Tribunal de tous les maux dont il eût dû tarir la source, *opprobrium populi mei portabitis*.

Que fera-ce encore, si, à la dépravation des mœurs, il ajoute l'injustice ? Rien de plus glorieux sans doute que d'être l'organe de la Justice & le défenseur de l'équité : mais est-il aussi de fardeau plus important & plus pénible ? Dans cette fonction auguste & délicate, l'Homme Public tient dans ses mains le sort de ses semblables ; il peut les défendre ou les proscrire, les condamner ou les absoudre. Maître de la fortune, de l'honneur, de la vie des Citoyens, c'eſt à lui à punir le crime, à ſoutenir le faible, à venger l'innocent. Il eſt ſur la terre le Miniſtre & l'Oracle de ce Dieu, qui, placé ſur un Trône immuable, dirige tout par le ſceptre de l'équité. Je ne dis pas aſſez encore, c'eſt un Dieu lui-même caché ſous les traits d'un mortel, *Dii eſtis vos.*

De quelle fermeté n'aura-t-il donc pas beſoin pour ne pas abuſer d'un miniſtère auſſi grand, auſſi difficile ? Il n'a pas ſeulement à combattre ſes propres paſſions, il faut qu'il lutte contre la voix du ſang & de l'amitié, qu'il ſe tienne en garde contre les pièges de la ſéduction, qu'il ſe défie du puiſſant injuſte, dont la faveur lui ſerait utile, qu'il démêle les dangers que la flatterie lui prépare, qu'il diſtingue les apparences trompeuſes de vertu & de vérité dont ſe parent le crime & le menſonge. Mais au milieu de tant d'erreurs & de combats, comment échapper à la prévention des intérêts divers qui le pouſſent en ſens contraire, & garder cette neutralité, cet équilibre que les Lois exigent dans leurs Interprètes ? Ce ſera ſon intégrité qui le fera triompher des aſſauts que livrent les paſſions, qui rendra ſes mains pures du ſang innocent, éloignera de ſa demeure les gémiſſemens du pupille, & repouſſera les préſens offerts pour racheter les vexations. C'eſt enfin l'intégrité qui le rendra la gloire & les délices de la terre, & qui remplacera par des bénédictions les anathêmes lancés contre les prévaricateurs de la Juſtice : *Væ qui juſtificatis impium pro muneribus.*

Dès-lors le ſujet obſcur n'a plus à craindre de le trouver

insensible à ses plaintes ; comme c'est pour lui spécialement qu'il a reçu l'autorité, pour lui sur-tout il a de la sollicitude. Loin de l'importuner, sa voix timide l'attendrit & l'intéresse; sa misère même lui donne des droits à sa prédilection. Hélas! il est juste, & le plus grand de ses étonnemens, comme la plus amère de ses douleurs, c'est de voir la classe fondamentale de la Nation, sur laquelle porte l'enorme masse de l'État, des hommes dont le sang & la sueur sont exprimés pour fournir d'aliment à la mollesse, des concitoyens, des frères, des membres vivans de Jesus-Christ ; c'est de les voir..... N'achevons pas : ce désordre moral est à ses yeux le plus affligeant des scandales ; & si la foi ne volait à son secours pour lui révéler ses éternelles perspectives, comme David, son courage l'abandonnerait, son ame se trouverait oppressée sous le poids de tant d'amertume.

MAIS cette intégrité dans l'Homme Public, ainsi que la science & l'empire sur ses passions, ne seraient presque d'aucune utilité, si ces vertus n'étaient accompagnées d'un zèle actif & laborieux. Comptable envers ses concitoyens de tous les instans de sa vie, tous ceux qu'il ne consacre pas à faire le bien, sont autant de vols faits à la société; son sommeil même est un crime, si, avant de s'y livrer, il n'a pourvu à la tranquillité des malheureux : *Non dormitabit neque dormiet qui custodit Israel.*

CEPENDANT, ô mon Dieu, que de sentinelles sommeillent dans une coupable oisiveté ! Que de Pasteurs négligent leur

Troupeau, & confument dans la molleffe le patrimoine des Pauvres ! Que de Grands inutiles dans leurs poftes ! Que de Guerriers énervent dans les plaifirs un courage deftiné à défendre la Patrie ! Que d'Adminiftrateurs s'engraiffent de la fubftance de leurs concitoyens ! Que de Magiftrats emploient dans la diffipation un temps qui appartient aux opprimés, & rendent injufte la Juftice même, en ne l'accordant qu'au crédit, ou en étouffant les réclamations du faible, fous l'appareil immenfe & ruineux des procédures & des délais !

Hommes Publics, leur dirai-je, eft-ce pour vivre dans un honteux repos qu'on vous a comblés d'honneurs & de diftinctions ? Apprenez que c'eft pour les befoins du Peuple, & non pour la fimple repréfentation, que la Providence vous a élevés : fi elle vous difpenfe des travaux ferviles, c'eft afin que vous puiffiez vaquer à des travaux plus intéreffans ; & les hommages, l'éclat & la pompe attachés à vos places, ne font que les adouciffemens des peines & des foins qui en font inféparables. Sachez que la fcience de l'adminiftration eft la plus épineufe, & que vous ne fauriez en furmonter les difficultés, fi vous n'avez contracté l'heureufe habitude de ne jamais vous repofer, fi le travail n'eft devenu comme l'aliment de vos ames.

L'Homme Public fera donc une victime abfolue de la fociété ? Oui, fans doute, & telle eft la tâche qu'il s'eft impofée en acceptant le choix dont l'honora la Patrie. Les Rois mêmes n'en font pas exempts ; ils ne font que les premiers

miers Agens de la félicité de leurs Sujets : *Confortare , & agamus viriliter pro Populo noftro & pro urbibus Dei noftri.*

UN tel facrifice exige une magnanimité peu commune, j'en conviens ; mais quiconque n'a pas la force de le confommer, n'eft plus l'homme de la fociété : il la trompe & la perd, s'il ne prévient fon propre affaiffement par l'abandon de fon fardeau.

L'HOMME PUBLIC, vivement pénétré de la fainteté de fon miniftère, ne dévoue pas feulement fes biens, fon exiftence, fon temps à fes concitoyens, il oublie même, pour les fervir, l'intérêt préfent de fa réputation & de fa gloire. En vain la multitude aveugle décrie-t-elle un projet dont elle ne fent pas l'utilité ; en vain maudit-elle fon Auteur par des imprécations actuelles. Certain qu'elles fe changeront bientôt en bénédictions, il pourfuit courageufement fon ouvrage, en dépit même de ceux qui doivent en recueillir les fruits. C'eft ainfi que l'imitateur du plus fage des Généraux Romains (1), fourd aux rumeurs de fa Patrie & de l'Europe, vient, par fa lenteur héroïque, d'élever un Temple à la Liberté, qu'on avait depuis fi long-temps exilée du Nouveau Monde.

---

(1) Tout le monde connaît la glorieufe caufe qui fit donner à Fabius le furnom de *Cunctator*. C'eft en marchant fur les traces de ce Grand Homme, & en méprifant, comme lui, les téméraires farcafmes de fes ennemis & de l'Europe entière, que Wazington a exécuté le projet hardi qu'avait enfanté un des plus beaux Génies du fiècle, (M. Franklin), non moins recommandable par fes découvertes fur l'électricité, que par la fageffe & la profondeur de fa politique.

B

J'ENTENDS crier de toutes parts que les hommes doués de ces grandes qualités font rares, que la nature ne les enfante qu'avec effort & qu'à longs intervalles. Non, la nature n'eſt point avare de ces fortes de prodiges : ce font les paſſions qui les écartent ou les tiennent enfevelis dans l'obfcurité, dans l'oubli. Que l'intrigue & la cabale ceſſent d'aſſiéger les Palais des Rois & des Grands ; que les Dignités & les Emplois deviennent l'apanage du mérite & de la vertu ; qu'on profcrive ces ambitieux, qui, comme Aman, laiſſent flotter au gré d'un orgueil tyrannique les rênes de l'État, pour mettre à leur place ces humbles Mardochée qui rampent dans la foule ; qu'au lieu de prendre un Général d'armée dans le féjour du luxe, où l'on ne trouve que des ames énervées & tremblantes au feul afpect des Goliath, on cherche dans les bois & dans les champs ces David fains & robuſtes, dont la valeur eſt exercée à combattre les lions & les tigres, à braver les fatigues du corps & les rigueurs des faifons ; que, dans le choix des Hommes Publics dans tous les états & pour tous les poſtes, on ait ce même refpect pour le mérite & la vertu, & je réponds que l'État fera auſſi floriſſant au-dedans que redoutable au-dehors.

PARCOUREZ les Annales des Peuples Chrétiens, vous n'y trouverez que l'affligeant fpectacle des vices & des défaſtres, lorſque ce fage difcernement n'a pas été la bafe de leur adminiſtration. Mais qu'il eſt beau, qu'il eſt doux de les contempler dans les époques où la Sageſſe, aſſife fur le Trône, a préſidé au choix des Hommes Publics ! Voyez comme ces Chefs nommés par Elle ont successivement retiré l'Europe de l'abrutissement où tant de révolutions l'avaient plongée... Voyez comme l'œil toujours ouvert de la science, en leur dévoilant les sources du mal & les germes du bien, leur a fait trouver les moyens d'intercepter le cours de l'un, & de produire le développement de l'autre ; comme leur empire sur eux-mêmes leur a fait éviter les fautes, & leur a facilité le succès pour réprimer les passions d'autrui ; comme leur intégrité a rendu cette vertu nécessaire & progressive, en honorant le citoyen qui la possédait, & en couvrant d'infamie celui qui osait la trahir ou la dédaigner ; comme leur amour pour le travail, en devenant le reproche muet, mais terrible de l'inaction, a ranimé tous les bras & fortifié les ressorts de la machine politique ; comme leur magnanimité a flétri l'égoïsme, a élevé toutes les ames, & a produit ces grandes & salutaires victimes de l'intérêt général.

CEPENDANT, MESSIEURS, il ne suffit pas à l'Homme Public de posséder ces qualités ; il a aussi des devoirs à remplir. C'est le sujet de la seconde Partie.

SECONDE PARTIE.

L'APÔTRE instruisant ses Disciples, établit trois Préceptes, que nous pouvons regarder comme l'abrégé des devoirs de l'Homme Public : *Deum timete..... Reges honorificate..... Fraternitatem diligite.* Craignez Dieu ; honorez le Roi ; aimez vos frères. Le premier Précepte tombe sur le zèle que l'Homme Public doit avoir pour la Religion ; le second renferme ce qu'il doit au Souverain, le troisième ce qu'il doit au Peuple. De l'observation de ces trois Préceptes résulte la félicité dont l'État est susceptible. Voyons donc quelles sont les obligations de l'Homme Public envers la Religion, envers le Souverain, envers le Peuple, & nous aurons la somme de ses devoirs.

Quand je parle de ce que l'Homme Public doit à la Religion, mon dessein n'est pas d'envisager la Religion Chrétienne dans ses rapports au salut ou à la réprobation des ames : je ne la considère ici que relativement à mon sujet, c'est-à-dire, comme étant un des plus puissans ressorts de la félicité des États, parce qu'Elle consacre les principes d'obéissance dans l'esprit des Peuples. Si je prouve cette dernière vérité, j'aurai démontré que la défense & le maintien du Christianisme sont l'objet principal des devoirs de l'Homme Public : *Surge, sanctifica Populum*.

Les Législateurs des Nations Païennes sentirent le besoin de s'aider de l'intervention du Ciel pour rendre les hommes plus sociables. Qui ne connaît le mensonge adroit de Numa, la ruse imposante dont se servit Lycurgue pour accréditer les institutions ? Quelque grossier, quelque absurde que fût leur culte, il ne laissa pas d'entraîner par son autorité des hommes que les Lois, abandonnées à leur seule force, n'auraient jamais pu contenir. Quelle soumission ne doit donc pas imprimer dans les cœurs des Peuples Chrétiens, une

Religion dont l'excellence & la vérité ne sauraient être révoquées en doute, & dont les plus audacieux détracteurs ont toujours respecté la Morale ? C'est peu de condamner le larcin, l'homicide, l'adultère ; la Religion proscrit tant d'autres crimes que les Lois ne punissent pas, mais qui ne portent pas moins atteinte à l'harmonie générale. C'est encore trop peu de punir tous ces crimes par des châtimens éternels, lorsqu'on s'en est rendu coupable ; la Religion va plus loin : Elle retient la main qui voudrait les commettre, & défend jusqu'au simple désir de faire le mal.

Hommes Publics, que vous entendez peu vos intérêts & ceux de la Patrie, lorsque vous n'employez pas tout votre zèle à maintenir la Religion ! C'est Elle qui retient vos inférieurs sous le joug de l'obéissance, qui fortifie, qui resserre, qui consacre les obligations que leur impose envers vous le pacte social. Elle leur fait voir sur vos fronts le sceau, l'empreinte de la Divinité : à cet aspect auguste, leurs passions se taisent, leurs cœurs s'ouvrent à l'amour des Lois ; c'est Dieu même qu'ils honorent, qu'ils respectent, qu'ils chérissent en vous. Appuyée sur toute autre base, l'autorité serait dans vos mains ce qu'est le gouvernail au milieu des tempêtes & des écueils dans les mains du plus habile Pilote. Le premier Roi de Samarie ose abolir le Culte établi en Israel : funeste politique, qui creuse sous ses pas l'abîme où s'ensevelit sa déplorable race ! Tant il est vrai que l'infraction des Lois divines entraîne toujours le mépris des droits les plus sacrés de la société !

Eh! quel mobile assez puissant l'Homme Public pourrait-il substituer à la Religion ?... Les Lois pénales ? Mais les expériences les plus funestes en attestent l'insuffisance ; elles ne peuvent tout prévoir ; leur multiplicité annonce d'ailleurs leur faiblesse & la ruine prochaine des Empires. Que les Chefs des Nations en imposent par le faste, par la multitude des Courtisans, qu'ils se rendent redoutables par les nombreuses armées, par les tribunaux de sang qui les environnent, cet appareil flétrit l'ame ; il donne des esclaves, & non des sujets. Le méchant suit la chaîne impérieuse qui l'entraîne, mais ce n'est qu'en songeant aux moyens de s'en affranchir : ses complots s'enfantent dans l'ombre ; l'image attrayante de l'impunité corrode sourdement les nerfs de l'État, & le foyer de la mine n'est connu qu'après que son explosion a rendu désormais tout remède inutile.

Sera-ce par l'honneur qu'on contiendra les Peuples ? Mais ce sentiment si vanté dans ce siècle n'est que dans les bouches, & presque jamais dans les cœurs. Ce n'est qu'une opinion sujette aux vicissitudes des circonstances, aussi mobile que le caprice qui la fait naître, & susceptible de toutes les modifications des mœurs & des usages.

Est-ce par des encouragemens donnés à la probité, qu'on se flattera de rendre les sujets fidelles ? Mais cette vertu, d'ailleurs si rare, ne fait-elle pas resserrer ou relâcher ses principes au gré des vues ou des intérêts du moment ? Elle ne dompte tout au plus une passion que par une autre; & si elle suffit dans des circonstances où la victoire est facile, réſiſtera-t-elle à un choc violent renforcé par l'autorité de l'exemple ? Convenez donc que la Religion ſeule retient les Peuples dans la ſoumiſſion & le devoir par le plus fort & le plus inviolable de tous les liens, celui de la Conſcience.

AH ! ſi le temps me permettait de vous montrer encore combien la Morale Chrétienne peut influer ſur la paix & la félicité d'un État, en perfectionnant les mœurs du Citoyen, de quel zèle n'enflammerai-je pas l'Homme Public pour étendre cette Religion ſublime ? Il en a dans ſes mains les moyens les plus propres & les plus efficaces. Qu'il n'accorde ſa faveur qu'aux ames fidelles & vertueuſes, mais qu'il la refuſe à l'impie dont l'audace s'accroît par les ménagemens ; qu'il proſcrive ſur-tout avec leurs Auteurs ces nouveautés hardies & licencieuſes, l'opprobre de notre ſiècle. Hélas ! le mal va toujours en empirant ; déjà on a porté un examen téméraire juſqu'aux fondemens du Trône, qui reçoit, par un contre-coup infaillible, les ſecouſſes données à la Religion. Il eſt temps d'arrêter cette gangrène publique, qui deviendrait bientôt générale ; il eſt temps que l'autorité redouble de zèle & de vigilance : ſa propre cauſe & les intérêts de Dieu lui en font un devoir auſſi preſſant qu'eſſentiel.

C'EST ſur-tout par l'exemple de ſa piété, que l'Homme Public affermira ſes inférieurs dans l'exercice de la Morale Chrétienne. Vous le ſavez, MESSIEURS, le Peuple, ſoit par vanité, ſoit par intérêt, eſt le conſtant imitateur des Grands, dont il recherche la faveur autant qu'il redoute leur diſgrace. Leurs vices & leurs vertus ſont également imités

DISCOURS

& suivis ; la corruption ou la pureté de leur cœur se réfléchit sur tout ce qui les entoure (1).

DE ce que l'Homme Public doit à Dieu, suivent naturellement ses devoirs à l'égard du Prince, qui en est l'image. Ce serait ici le lieu de les lui retracer : mais est-ce en parlant à des Français, qu'il est besoin d'appuyer sur les obligations qui les attachent au Monarque ? Dans tous les temps notre amour pour lui a été le caractère distinctif de la Nation, ou plutôt, c'est moins chez elle un sentiment d'amour, qu'une sorte d'idolatrie. S'il étoit possible d'ajouter à cet enthousiasme général qui naît avec nous, combien LOUIS XVI n'aurait-il pas plus de droit sur le cœur de ses sujets, que tous les Rois qui l'ont précédé ? A peine a-t-il pris les rênes de l'État, que sa grande ame, quoiqu'effrayée du vuide des Finances & des dettes nationales, n'a songé qu'à enrichir

---

(1) S'il importe à tous les Hommes Publics de favoriser le triomphe de la Religion, ce soin appartient plus spécialement encore aux Évêques & aux Pasteurs. C'est pourquoi on doit avoir grand soin de donner toujours à l'Église des Chefs capables de la gouverner, & de retenir les esprits par l'autorité de leurs exemples & de leurs lumières. C'est à quoi paraît s'attacher M. de Marbœuf, Évêque d'Autun & Ministre de la Feuille ; & sans en rapporter tant d'autres exemples, Toulouse en a sous les yeux une preuve toute récente dans la nomination que ce Prélat a fait pour l'Évêché d'Oleron. Les vertus de M. l'Abbé de Faye l'appelaient depuis long-temps à la Dignité Episcopale ; elles sont enfin parvenues, malgré sa modestie, à la connaissance de ce sage Ministre, qui n'a considéré dans ce choix que le bien de l'État & de la Religion.

son Peuple. Les droits de son avénement à la Couronne, sacrifiés au désir paternel de soulager ses sujets; les impôts, diminués dans les besoins les plus pressans; l'éclat & le cortège de sa Maison, réduits pour alléger le fardeau de son Peuple; les Arts, protégés; les restes du Gouvernement féodal & de la servitude, détruits; la réforme du Code Criminel tant désirée, & enfin commencée; le scandale de nos Lois, ces tourmens préliminaires à la conviction de l'accusé, qui frappaient également l'innocent & le coupable, abolis; une guerre longue, justement entreprise & soutenue avec succès pour l'utilité commune des Nations; l'Amérique délivrée du joug de ses Tyrans; les entraves du Commerce, brisées; l'univers pacifié, sans que l'Agent principal de ces grands mouvemens ait eu l'orgueil de profiter de ses avantages; ce sage discernement dans le choix des Ministres, & sur-tout dans celui de cet homme étonnant (1), de ce Politique consommé, qui possède tous les talens des plus grands Ministres, sans avoir aucun de leurs vices ni de leurs défauts; quels titres pour mériter à notre Souverain l'amour, la reconnaissance, la soumission, les hommages de son Peuple, & l'admiration des siècles à venir!

L'HOMME PUBLIC pourrait-il donc ne pas seconder avec la plus grande ardeur, les vues de ce grand, de ce bon Roi? Quoique son ame suive l'étendue & l'impulsion de son génie, il ne peut ni tout voir, ni tout faire par lui-même;

---

(1) M. de Vergennes.

mais il a difperfé dans fon Royaume & dans fes Provinces, des Hommes Publics revêtus d'une autorité relative, pour être les inftrumens de fa clémence, les organes de fa juftice & fes coopérateurs. C'eft par eux que s'entretiennent les rapports refpectifs du Trône & de fon Peuple; c'eft par eux que lui parviennent les fubfides mefurés, & fur fes befoins, & fur les facultés des contribuables; ce font eux qui doivent apprendre aux Citoyens qu'il exifte entre les Rois & leurs fujets un pacte primitif & inviolable par lequel ceux-là fe font obligés à défendre les propriétés, le repos & la vie des particuliers; ceux-ci à fournir aux dépenfes qu'exigent ce foin & l'éclat inféparable de la Souveraineté : obligation que Jefus-Chrift a reconnu lui-même, & qu'il a confacré par ces paroles : *Reddite quæ funt Cæfaris Cæfari.*

Vous éprouvez vous-mêmes, MESSIEURS, qu'il ne vous eft pas difficile de maintenir dans ce principe le Peuple qu'on a confié à votre adminiftration. Son émulation à cet égard répond à votre zèle : combien de fois cette Province n'eft-elle pas allée au-devant des befoins du Souverain & de l'État? Ce fut elle qui, dans un temps de crife, & fans qu'on eût réclamé fes fecours, leva une armée à fes frais pour brifer les fers d'un de nos Rois. Vous rappellerai-je le patriotifme de ces femmes Languedociennes, qui, vers la fin du règne de LOUIS XIV, portèrent au tréfor public les objets les plus précieux de leur parure, pour entretenir le Soldat qui devait fauver le Royaume déjà ouvert de tous côtés aux invafions de l'Europe liguée? Dans l'avant-dernière guerre, le Languedoc ne donna-t-il pas le signal à la Nation pour rétablir la Marine Française ? Et quels secours d'argent & de crédit n'a-t-il pas encore fourni au Souverain pour lui faciliter le grand ouvrage de la liberté des Mers ? On trouve dans les Annales de cette Province une foule de pareils exemples, qui rendront à jamais recommandables & la fidélité de son Peuple, & le zèle de ses Administrateurs.

Mais s'il est glorieux pour les Hommes Publics de gouverner un Peuple si attaché à son Roi, leurs obligations envers ce Peuple n'en sont que plus sacrées. L'orgueil a par-tout mis cette classe au dernier rang, quant aux distinctions & aux honneurs : mais dans tous les Gouvernemens, n'est-elle pas la première, quant à l'utilité réelle ? L'opulence la méprise, l'insensibilité la rejette, les passions des Grands l'écrasent ; c'est elle cependant qui fertilise les campagnes, qui nourrit ses Chefs, qui creuse les canaux d'où coulent les richesses, qui entretient & fait fleurir les Manufactures, qui alimente & anime le Commerce, qui fournit de Soldats nos armées & nos flottes, qui fait enfin la sûreté, la splendeur & la prospérité d'un Empire. Otez cette classe, les autres s'évanouiront, & l'État ne sera plus qu'un être physique sans action & sans consistance.

Que les Hommes Publics ne perdent donc jamais de vue qu'ils n'ont été constitués que pour le Peuple, pour être sa sauve-garde contre l'oppression, les réformateurs de ses goûts & de ses penchans, les tuteurs de ses possessions, les garans de son bonheur : *Sapiens , stabilimentum Populi*. Rien de ce qui peut contribuer à le rendre heureux ne doit échapper à leur vigilance ; & sous ce rapport, il n'est point d'objet sur lequel ne doivent s'étendre leurs soins paternels (1).

L'ÉDUCATION, que les plus célèbres Législateurs ont regardée comme faisant une partie essentielle du Gouvernement, doit d'abord fixer l'attention de l'Homme Public. C'est Elle qui fait les vrais Citoyens ; sans Elle, nous n'aurions que des sauvages livrés à tous les écarts d'un naturel brute & intraitable.

LES premiers fruits d'une éducation soignée sont des mœurs douces & pures. Celles-ci donnent au Corps Politique une base inébranlable. Elles ont fait triompher les Républiques les plus faibles en apparence, de la jalousie des plus formidables Puissances. Fortifiées par la Religion, Elles suppléent à l'insuffisance des Lois.

LES mœurs excluent le luxe, ce subtil corrosif des Empires. Non, ce luxe qui naît de l'industrie, fait refluer sur

---

(1) Jusqu'ici on a été obligé de se resserrer beaucoup, crainte de dépasser les limites ordinaires d'un Discours ; mais c'est sur-tout en traitant les devoirs de l'Homme Public envers le Peuple, qu'on ne peut guères qu'effleurer la matière, vu son abondance & la multiplicité des objets. C'est ici que l'Auteur pourrait dire, avec M. de Montesquieu : « Ces matières demanderaient d'être
» traitées avec plus d'étendue ; mais la nature de cet Ouvrage
» ne le permet pas ; je voudrais couler sur une rivière tranquille,
» je suis entraîné par un torrent. » *Montesq. Esprit des Lois*, art. *Commerce*.

les pauvres le superflu des riches, & procure des établissemens utiles ; mais ce luxe des particuliers, qui leur fait dissiper au-delà de leurs facultés réelles, qui dévore leur substance, engendre les vices, anéantit enfin la population, ce premier vœu de la nature, soit en l'étouffant jusqu'à son germe, soit en éloignant du mariage par l'effroi des dépenses qu'il entraîne. Modérez, retranchez ce luxe destructeur, vous aurez enlevé aux passions leur source & leur aliment. La vertu cessera d'être un vain nom, & ne laissera plus entrevoir le bonheur particulier que dans le bonheur général.

L'HOMME PUBLIC oubliera-t-il de protéger, sur-tout les Sciences ? En vain un Génie de nos jours, non moins séduisant par son éloquence, que par ses nouveautés, s'est-il efforcé de les décrier, tandis que son expérience & son cœur même les justifiaient ; quand elles n'auraient fait qu'extirper les préjugés barbares des derniers siècles, il faudrait ériger des trophées aux Princes éclairés, & aux Hommes Publics qui ont favorisé leur renaissance ou leurs progrès : mais leur utilité se rend tous les jours plus sensible au genre humain ; les Rois sont devenus moins inaccessibles ; les Grands moins exigeans ; les Lois moins sanguinaires ; les hommes plus sociables ; la vie plus douce & plus commode ; les États moins agités & plus florissans (1).

(1) C'est aussi parce que MM. les Membres des États du Languedoc sont convaincus de l'utilité des Sciences, que chacun d'eux s'empresse à l'envi d'en étendre les progrès dans toute la Province par les largesses les plus abondantes, & par les éta-

DISCOURS.

QUE les Hommes Publics ne se lassent donc jamais de semer de tous côtés des principes de lumière & de vivification ; que les Arts méchaniques & libéraux participent tour à tour à leurs bienfaits, puisqu'ils sont autant de sources intarissables d'agrément ou d'utilité pour l'État & pour le Peuple.

EST-IL besoin que je vous parle du Commerce ? Les Sciences lui doivent leurs progrès ; les diverses classes de la société, leur équilibre ; plusieurs Empires, leur Police ; Tous, leur richesse & leur prospérité. S'il fut quelquefois nuisible, n'en accusons que les fausses vues de l'avarice : le grand art est de réprimer son action sur les mœurs, de modifier les entreprises de l'avidité, d'empêcher la stagnation du numéraire, sur-tout de ne jamais favoriser le Commerce aux

---

blissemens les plus utiles : témoin le précieux Observatoire de M. de Garipuy, avec tous ses instrumens, que la Province a tout récemment acquis, & dont elle a gratifié l'Académie des Sciences de Toulouse, pour seconder & favoriser ses opérations ; témoin la Chaire de Chymie qu'Elle a fondé à Montpellier, ainsi que deux Chaires de Physique expérimentale qu'Elle a établi, l'une à Montpellier & l'autre à Toulouse. La Chaire de Montpellier est occupée par M. l'Abbé Bertholon, que la renommée a fait assez connaître ; celle de Toulouse a été confiée à M. l'Abbé Martin, qui, par la manière avec laquelle il a long-temps professé la Philosophie dans cette Ville, & par le profond Traité qu'il a donné au Public sur les Mathématiques, donne beaucoup à espérer de ses talens & de ses savantes recherches. On pourrait ajouter à ces précieux établissemens une Bibliothèque superbe, que nous avons vu se former tout-à-coup à Toulouse, & dont l'utilité doit immortaliser ses Fondateurs.

dépens de la culture des terres, mais de faire en forte que l'un foit réciproquement l'aiguillon & l'aliment de l'autre.

Si l'Agriculture eſt la mère nourrice de tous les Arts, ſi l'État ne peut ſe ſoutenir ſans Elle, combien n'importe-t-il pas à l'Adminiſtration publique de ménager les Cultivateurs, de les retenir dans les champs à force d'encouragemens & de bienfaits, & d'empêcher par ce moyen qu'ils n'aillent dans les grandes Villes, dans ces vaſtes tombeaux, groſſir le cortège faſtueux de l'opulence & de l'orgueil !

J'ai déjà dit que tout ſujet doit à l'État une portion du fruit de ſes travaux ; j'ajouterai même qu'il eſt juſte que les contributions augmentent en raiſon des beſoins publics : mais l'effet ne devrait-il pas ceſſer avec la cauſe ? Et n'eſt-ce pas aux Hommes Publics à mettre ſous les yeux du Souverain les beſoins & la miſère de ſon Peuple ?....... Pour vous, Messieurs, en offrant à notre auguſte Monarque le tribut ou le don qu'il attend de cette Province, vous lui repréſenterez la détreſſe où Elle ſe trouve, la circulation long-temps arrêtée dans ſon ſein par les entraves de la guerre, la ſtérilité de ſes campagnes occaſionnée par des fléaux imprévus, le dépériſſement de ſes forces qui lui rend ſi onéreuſe l'augmentation des impôts. Nous ſommes gouvernés par un Prince qui ne demande qu'à être inſtruit des maux de ſon Peuple, pour y remédier ; oſez donc les lui faire connaître, & la main de la paix fermera les plaies de la guerre, & l'exécution des promeſſes royales allégera un fardeau que l'amour & le courage, plus encore que la force, ont ſupporté juſqu'à ce jour.

CE n'est point assez pour l'Homme Public de défendre les propriétés & les intérêts du Peuple : l'honnête indigence a des droits plus sacrés encore sur ses bienfaits. Il doit conserver à la Patrie ces familles précieuses qui luttent dans l'obscurité contre la honte de dévoiler leur détresse. Que de membres qui pourraient être utiles, traînent une oisive & douloureuse existence, faute de ressources pour donner l'essor à l'élévation de leurs ames !

QUE dirai-je de cette foule d'individus, qui, comme ceux de la dernière classe de la République Romaine (1), n'ont ni propriétés, ni talens, ni vertus ? L'extrême misère, lorsqu'elle n'est pas soutenue par les sentimens, est la conseillère des crimes. Réduite à l'alternative d'avoir toujours des coupables à punir, ou de se charger de la subsistance de tant de malheureux, l'humanité permet-elle à l'Administration publique de balancer sur le parti qu'elle doit prendre ? Eh ! ne peut-elle pas réunir le triple avantage de conserver ses membres, d'utiliser leurs travaux, & de tarir la source des brigandages qui déchirent l'État ? Il reste des bras à l'indigent ; il ne s'agit que de savoir les employer.

MAIS j'oubliais que je parle aux Restaurateurs assemblés de cette Province. Les secours & les libéralités dont vous l'avez favorisée, MESSIEURS, ont servi à la fois à substanter

---

(1) Servius Tullius divisa le Peuple Romain en cinq classes, & fit cinq ordres des Citoyens Romains selon leurs biens. Ceux de la dernière classe, connus sous le nom de *Capite censi*, n'avaient pas la moindre propriété.

des milliers de malheureux, & à étendre la sphère des ressources publiques. Routes, canaux, défrichemens, circulation, manufactures, tout y porte l'empreinte de vos soins vivifians; & le pays le plus favorisé de la terre par le sol & le climat, en est devenu le plus florissant par les embellissemens & les ressources dont vous l'avez enrichi. Combien le Voyageur, qui vit autrefois l'état de cette Province, & qui verrait ce qu'elle est aujourd'hui, serait frappé d'étonnement & d'admiration en ne trouvant que des Travailleurs utiles & contens de leur sort, là où il ne rencontrait que des Vagabonds guidés par le désespoir de leur misère! Accoutumé à se voir arrêté à chaque pas par les rochers & les précipices du Vivarais, combien ne serait-il pas ravi de les traverser sans obstacles! Avec quelle satisfaction n'envisagerait-il pas le Commerce, jusqu'alors embarrassé dans ses mouvemens, devenu facile & libre par les routes superbes, qui, coupant de tous côtés le Languedoc, donnent à la circulation une énergie, dont nos aïeux n'avaient pas même soupçonné la possibilité! A l'aspect de Narbonne, de Nîmes, de Montpellier & de tant d'autres Cités, ne serait-il pas tenté de penser qu'un prodige a rappelé tout-à-coup les Romains à la lumière pour rendre leur premier éclat à leurs anciennes Colonies?

La ville des Tectosages n'a été long-temps que la simple spectatrice de votre bienfaisance: elle voyait sans envie ses immenses contributions servir à l'embellissement & à la prospérité des autres Villes; mais lorsque les ravages de l'épisootie, les rigueurs des saisons, les désastres les plus réitérés, eurent répandu dans son sein le deuil & la consternation, il était juste que vous tournassiez vers Elle vos yeux paternels. O ma Patrie ! félicite-toi de vivre sous les regards d'un Père tendre & compatissant ! Témoin de tes malheurs, il ne se contenta pas d'en adoucir l'amertume par des largesses sans mesure ; il porta l'expression de ta douleur devant cette Assemblée de Justes, & aussi-tôt le signal fut donné pour te secourir, *ut comedant pauperes populi tui*.

Oui, Messieurs, vous fîtes alors ouvrir des chantiers, vous ordonnâtes des travaux publics, & l'on vit commencer ces ouvrages, dont l'utilité répond à la magnificence. C'est ainsi que vous avez non-seulement fait évanouir les calamités présentes de cette grande Ville ; vous avez, de plus, jeté les fondemens de sa prospérité future. Ses besoins sollicitent la continuation de vos bienfaits : encore quelques secours, & Toulouse, cette Capitale du Languedoc, ne sera pas seulement le monument éternel de votre munificence, elle deviendra la gloire de la Province & de son Administration.

En réfléchissant sur l'assemblage des qualités qui doivent caractériser l'Homme Public, en parcourant l'étendue de ses devoirs, le Vulgaire, qui ne sait rien apprécier, le prendra sans doute pour le plus malheureux des êtres. Ah ! compte-t-on donc pour rien cette satisfaction intérieure que la bienfaisance laisse toujours après elle ? L'Homme Public pourrait-il ne pas sentir ce charme de son Ministère, le délicieux, le céleste besoin de dispenser les trésors de la félicité dont il est dépositaire, ce puissant aiguillon de l'honneur, qui ne jouit que dans les sacrifices, & cette douce consolation de devenir, je ne dis pas, l'idole de ses concitoyens, mais l'auteur de leur bien-être, l'instrument & le coopérateur de leur salut ? Les fatigues du corps, les agitations de l'esprit peuvent-elles balancer ces émotions & ces jouissances du cœur ?..... Que j'aime à me le peindre dans tous les lieux & toutes les circonstances ce Citoyen généreux ! Voyez-le profiter du silence de la nuit pour se retirer dans son cabinet solitaire ; la Patrie, la Justice & l'Humanité se présentent devant lui ; l'image des malheureux erre sans cesse autour de la lampe qui l'éclaire ; les larmes de la pitié coulent de ses yeux ; c'est alors qu'il trace ces plans sublimes pour le soulagement de ses semblables ; & le voilà heureux du bonheur dont il va devenir la source.... Se montre-t-il au Peuple ? Le doux nom de père retentit à ses oreilles : tous les yeux se tournent tantôt vers lui pour l'admirer, tantôt vers le Ciel pour solliciter la prolongation de ses jours... Succombe-t-il sous les efforts de l'envie ? Sa retraite est moins une disgrace qu'un triomphe : le désespoir de ses concitoyens forme un contraste parfait avec la tranquillité de son ame. Semblable au bon Sully, on ne le voit sensible qu'à leurs regrets ; le souvenir de ses bienfaits vient le récréer dans sa solitude ; l'amour public l'y accompagne, & ne le quitte pas même au tombeau...... Il devient utile encore après sa mort : ses vertus sont le frein de ses successeurs, & les avertissent sans cesse de leurs devoirs.

C'est par là, Messieurs, que l'Homme Public s'illuftre véritablement, qu'il fe fait un nom immortel, qu'on infcrira parmi les noms les plus chers dans les faftes de la Patrie, & qu'il attire fur lui, ainfi que fur fa race, les bénédictions de fon fiècle & les éloges de la poftérité : *Sapiens, in Populo hereditabit honorem.*

Mais ne bornons pas là fon ambition: quittons la terre; ce n'eft pas dans ce lieu de pélerinage qu'on peut trouver une digne récompenfe à fes vertus. La perfpective feule des biens que lui promet la foi, foutiendra fes efforts & fes facrifices. Qu'il lève donc fouvent fes regards vers ce terme défirable, qu'il fe tranfporte vivant dans les Tabernacles de la Paix ; c'eft là, qu'il verra briller la Couronne immortelle qui l'attend, & que Dieu réferve aux difciples de la Sageffe & aux amis de l'Humanité.

FIN.

NOTE.

(*) QUE ne peut-on calculer les penfions que ce Prélat bienfaifant paie à une infinité de Pauvres honteux ! les aumônes qu'il eft accoutumé à répandre, & qui furent fur-tout fi redoublées, fi abondantes lors de l'épifootie, de la SUETTE, & de ces temps de difette, où l'exceffive cherté des grains expofait des familles entières à périr par la faim ! On fe fouviendra long-temps que, dans toutes ces époques, il fit prendre fans mefure fur les revenus de fon Archevêché, pour diminuer, autant qu'il était poffible, la mifère publique.

LA Maifon de Charité qu'il a fait établir fur la nouvelle Paroiffe qu'il a érigée à St. Michel, la Maifon d'Éducation à Lévignac, qui eft devenue l'afile d'un fexe dont la vertu eft fi expofée, lorfque la fragilité de la jeuneffe & les confeils de la pauvreté fe joignent à tant d'autres écueils qui l'affiègent, la Bibliothèque du Clergé, auffi remarquable par fon vaiffeau que par le choix & la quantité des Livres qui la compofent; tous ces établiffemens, & tant d'autres qu'il ferait trop long de détailler, fuffiraient feuls pour mettre le nom DE BRIENNE à couvert des outrages du temps.

MAIS combien ce nom ne vivra-t-il pas encore, & dans le nouveau Bréviaire qui l'emporte fur tous les Ouvrages de ce genre, par le choix des Prières, par l'érudition & la variété qui y règnent, & par fa Préface Latine, qui eft un chef-d'œuvre de goût & d'éloquence ?

ET dans le nouveau Rituel, qui peut être regardé comme un Code de bienveillance & de charité; fans parler du *Mandement* qui le précède, & dont le ftyle appartient aux plus beaux jours de la Littérature, comme le fond de l'Ouvrage rappelle les plus beaux fiècles de la Religion.

ET dans les Actes de ce Synode qui a étonné la France autant qu'il l'a édifiée, dans ce tableau d'une des plus heureuses opérations où les vertus d'un Prélat & les talens d'un Administrateur puissent se déployer ; c'est là sur-tout qu'il a fait éclater sa bienfaisance & sa générosité par une infinité de sacrifices personnels, & qu'il a développé la grandeur de son génie, la sublimité de ses vues, tous les attributs qui caractérisent l'Administration civile & la Législation, soit Politique, soit Religieuse.

On ne parle point de la sagesse avec laquelle il gouverne son Diocèse, de son discernement dans le choix de ses Grands Vicaires qui en partagent avec lui le fardeau, de la dispensation des Bénéfices qu'il n'accorde qu'au mérite, de l'éloquence de ses *Mandemens*, que les ennemis mêmes de la Foi sont forcés d'admirer.

Son cœur pastoral embrasse tous les objets qui peuvent être utiles à son Troupeau : c'est à lui que Toulouse doit en quelque sorte ses embellissemens, puisque c'est lui qui a sollicité de la Province les secours qu'elle a accordés à cette Capitale ; secours qui ont été si nécessaires pour la subsistance des Pauvres dans des temps de calamité..... On ne finirait jamais, si l'on voulait rappeler tous les droits que M. de Brienne acquiert journellement sur la reconnaissance des Toulousains & de l'Humanité en général.

Permis d'imprimer, ce 4 Février 1784.
LARTIGUE, Juge-Mage.

www.ingramcontent.com/pod-product-compliance
Lightning Source LLC
Chambersburg PA
CBHW070712050426
42451CB00008B/611